AF227097

CERCLE

DE LA

RUE ROYALE

RAPPORT

SUR LES

Journées des 21, 22, 23 & 24

MAI 1871

CERCLE

DE LA

RUE ROYALE

RAPPORT

SUR LES

Journées des 21, 22, 23 & 24

MAI 1871

A MM. les Membres du Cercle.

L'insurrection du 18 mars 1871, la plus formidable que l'histoire ait enregistrée, a laissé dans notre brillante capitale, indépendamment des ruines morales, des désastres matériels capables de la faire maudire à jamais.

L'immeuble occupé par le Cercle de la rue Royale, comme tant d'autres monuments, avait été voué à l'incendie par les défenseurs de la Commune, et n'a pu être sauvé que difficilement.

J'aurais passé sous silence les tristes

événements dont j'ai été le témoin. Mais plusieurs membres du Cercle ayant exprimé le désir de connaître comment il a échappé au désastre, je me suis décidé à vous adresser ce Rapport, heureux, tout en satisfaisant une curiosité bien légitime, de rendre hommage au zèle et au dévouement des serviteurs, qui sont restés auprès de moi pendant toute la durée de ces événements lamentables.

Le Secrétaire du Cercle,

BERTHAUDIN.

Juillet 1871.

Après l'ultimatum adressé au mois de ma
par M. Thiers à la Commune, les gens de l'or
dre qui avaient eu le bonheur d'échapper au
fantaisies brutales du gouvernement de l'Hôtel
de-Ville, attendaient avec une impatience plein
d'angoisses l'entrée des troupes de Versailles

Le Cercle de la rue Royale, par sa position
l'angle de la rue et de la place de la Concorde,
avec le Ministère de la Marine pour vis-à-
vis, devait servir aux insurgés de deuxième
ligne de retraite à l'intérieur de Paris; auss
Gaillard avait-il fait construire, à l'entrée de
la rue de Rivoli d'abord et ensuite rue Royale,
deux formidables barricades, avec la terrasse
des Tuileries pour point d'appui.

Cette position ainsi fortifiée était impossible à prendre de face.

Gaillard père, le chef des barricadiers, paraissait si fier de son œuvre que, le 20 au matin, nous le vîmes en grand costume de commandant, quatre galons d'or à la manche et au képi, des revers rouges à la tunique, de grandes bottes à l'écuyère, les cheveux longs et flottants, l'œil assuré, commander une mise en scène qui fut exécutée aussitôt. Pendant que des gardes nationaux empêchaient la circulation du public sur une partie de la place, le barricadier vint fièrement se poser à vingt pas devant son œuvre, et là le poing sur la hanche fit faire sa photographie. Un malheureux passant, voulant voir de plus près, faillit être écharpé par ledit Gaillard, qui lui reprochait de vouloir faire manquer un tableau si patriotique. Cette exhibition si grotesque me rassura complétement sur la valeur et le mérite de cet individu.

Pendant les journées du 20 et du 21, les ouvriers employés à terminer la construction de la barricade furent envoyés en avant pour protéger la première ligne qui paraissait devoir être attaquée d'un moment à l'autre. Aussi un calme relatif régnait-il aux abords de la place. La nuit du 20 au 21, une terrible fusillade vint à nos oreilles; je crus un instant que l'heure de la délivrance avait enfin sonnée. A quatre heures du matin surtout les coups se succédaient sans interruption. En un instant le personnel fut sur pied, prêt à tout événement.

A huit heures du matin ma déception fut grande. La canonnade s'éloignait, et à dix heures tout paraissait terminé. A midi, je fus rassuré en entendant crier dans les rues la grande victoire de Dombrowski. Je savais exactement et depuis longtemps à quoi m'en tenir sur ces fameux bulletins, et rien ne pouvait m'être plus agréable qu'une *grande* victoire remportée par ce *grand général*, qui, pendant près de 2 mois, avait gagné cent mètres sur les troupes de Versailles campées au pont de Courbevoie, ce qui ne les avait pas empêchées, malgré ce recul constant, d'arriver aux fortifications.

La journée s'acheva sans autre incident, mais

vers onze heures du soir, de nombreuses esta-
fettes parcouraient à toute bride la place de la
Concorde. A minuit, la consigne fut donnée de
ne laisser approcher personne des barricades.
Cette précaution me fit supposer que cette fois
nous allions être délivrés. Je me mis donc en
observation à la fenêtre de ma chambre à coucher donnant sur la place de la Concorde, et, à
partir de deux heures du matin, je vis des
gardes nationaux descendre en désordre les
Champs-Élysées. Ce mouvement ne discontinua
pas, mais au contraire s'accéléra vers 3 heures.
Les insurgés fuyaient rapidement, courbant la
tête comme pour éviter les projectiles. A ce
moment, deux bombes vinrent éclater près de
la deuxième fontaine de la place. Je descendis
alors de chez moi pour inspecter de plus près
la position. Le concierge du n° 4 de la place de
la Concorde et celui du n° 1 de la rue Royale,
me demandèrent des instructions. La situation
était difficile et changeait de seconde en seconde.
J'avais eu un instant l'intention de refuser l'entrée de l'immeuble aux insurgés, mais c'était

engager la partie sans être sûr d'être dégagé à temps; je risquais de faire massacrer sans aucun profit les serviteurs dévoués qui étaient restés autour de moi, ainsi que les femmes et les enfants réfugiés au Cercle.

A travers une fenêtre du rez-de-chaussée, je pus voir l'arrivée de trois canons qui furent immédiatement placés en batterie sur la barricade. Au même instant, un violent coup de sonnette retentit; les insurgés demandent à occuper le Cercle; je fais ouvrir. Il était quatre heures du matin. Nos quarante-huit heures d'angoisses allaient commencer, heures terribles qui ne s'effaceront jamais de ma mémoire.

Lundi 22 mai, 4 heures du matin.

La porte était à peine ouverte, que plusieurs gardes nationaux font irruption dans le Cercle; un capitaine ayant à la main une canne et deux décorations à la boutonnière, me donne l'ordre d'un air furieux de faire immédiatement ouvrir toutes les fenêtres de l'immeuble sous peine de

les voir enfoncer à coups de crosses de fusil. Je
l'invite à monter avec moi et je fais exécuter par
mes hommes toutes ses instructions, puis je lui
fais remarquer que les meubles qui se trouvaient
sur les pièces de devant pourraient gêner leurs
mouvements et je fais transporter le tout dans
les pièces du fond. Tout en procédant à ce dé-
ménagement de la façon la plus calme, je lui
demande comment il se fait que la bataille vient
jusqu'à nous ; il me répond : « Nous avons été
« trahis par le 13ᵉ bataillon, du 9ᵉ arrondisse-
« ment, qui a ouvert les portes aux Versaillais;
« ils sont actuellement au Trocadéro. A la suite
« de ce mouvement la première ligne étant
« compromise, nous nous sommes retirés ici et
« ils ne viendront pas s'y frotter, car nous avons
« ordre de défendre cette seconde ligne par tous
« les moyens. »

A ce moment survinrent deux individus ar-
més de pelles et de pioches, qui, sans ordre, voulurent immédiatement pratiquer des ouvertures
dans les murs, afin de correspondre avec les
maisons voisines et de gagner le coin du fau-

bourg Saint-Honoré sans descendre dans la rue. Pleins d'ardeur, ils se mirent à la besogne, mais bientôt, ils s'aperçurent de l'inutilité de leurs efforts; la pierre était dure, et, rien que pour percer le mur qu'ils avaient attaqué, il aurait fallu plusieurs heures à des hommes expérimentés.

Un bataillon très-réduit, cent hommes environ, portant à leur képi le n° 109, vient prendre position au Cercle. Quelques-uns d'entre eux traînent sur les balcons trois canapés que je n'avais pas eu le temps de faire enlever et s'y établissent commodément pour faire le coup de feu. Le restant du bataillon se répand dans les appartements.

La rue était des plus animées. Des individus portant le costume de marin travaillaient avec une ardeur sans pareille à la consolidation de la barricade et la mise en position de leurs pièces. Bientôt, un fracas épouvantable retentit et les vitres des appartements volèrent en éclats. Ce vacarme ne devait presque plus cesser. Je fis immédiatement descendre les femmes et les enfants dans les caves et je gardai auprès de moi les hommes pour surveiller les postes que je leur indiquai. La fusillade commençait à mêler son crépitement à la voix lugubre du canon. Où tiraient-ils ?...

Je voulus m'en rendre compte. Je m'approchai avec précaution d'une des fenêtres donnant sur la place et l'un des tirailleurs me dit que plusieurs coups de feu étant partis du bâtiment de droite de l'autre côté de l'eau (ministère des affaires étrangères), ils étaient en train de leur faire taire leur « g... »; au bout d'un moment d'examen je fus convaincu qu'ils tiraient sans viser et qu'ils ne devaient faire aucun mal à nos troupes. L'un d'eux me proposa de tirer quelques coups de fusil. Je prétextai une miopie, et lui fis observer qu'il serait regrettable de gaspiller des munitions si bien employées. Je pus également constater que les obus partis de la barricade de la rue atteignaient en plein le même ministère, dans les murs duquel on commençait à voir de larges trous.

Vers les sept heures je fus demandé. Un garde

m'annonça que le colonel voulait me parler. Je descends dans la cour, et je me trouve bientôt en présence d'un individu portant les insignes de colonel ; il avait un faux air de ressemblance avec le citoyen Rossel. Cet homme portait toute sa barbe de couleur châtaine, sa taille était moyenne, ses traits fins, l'air distingué. Il était suivi d'un capitaine de génie qui tenait à la main un plan de Paris. Le colonel m'interrogea d'un ton bref pour savoir si nous avions des armes cachées et si je connaissais le point le plus facile à attaquer, pour avoir une communication directe avec les angles formés par les rues Royale, du Faubourg-Saint-Honoré et Boissy-d'Anglas. Je répondis que nous étions sans armes et que je ne connaissais que l'immeuble occupé par le Cercle. Je lui démontrai en même temps l'impossibilité de démolir de semblables murailles. « Si la pioche ne suffit pas, répondit-il, nous « ferons sauter. » Sur cette belle réponse, il se tourna vers son capitaine et lui donna l'ordre, toujours sur le même ton, d'envoyer immédiatement une compagnie de génie, pour faire pratiquer des fourneaux de mines; puis il me tourna les talons et disparut. Pour en finir avec cet incident, je dois dire que je n'ai jamais revu ni le colonel, ni le capitaine avec son plan et encore moins la compagnie de génie.

Je remontai dans les salons, et là je vis à mon grand déplaisir que la société augmentait dans de notables proportions. Les nouveaux venus me parurent appartenir à des corps irréguliers ; les costumes étaient des plus fantaisistes et des plus variés, les physionomies des plus farouches ; plusieurs femmes s'étaient aussi installées dans les pièces du fond, les unes en costumes ouvriers avec le brassard d'ambulance, les autres en marins. L'une d'elle, à peine âgée de seize ans, portait ce dernier costume avec beaucoup d'aplomb. Tout ce nouveau public furetait et fouillait à qui mieux mieux les coins et recoins de l'appartement. Son but était visible et je compris que je n'avais plus affaire à des fédérés, mais à une bande de forçats en rupture de ban.

Charpentier, le maître d'hôtel vint m'annoncer qu'une armoire venait d'être forcée et que bientôt tout allait être pillé. J'entendis quelques fédérés se dire : « C'est un ministère, il faut tout prendre ou tout saccager. » Je leur expliquais que c'était un Cercle composé de Français et surtout d'étrangers, que des ambassadeurs figuraient parmi les membres du Cercle, et qu'ils serviraient mal leur cause en se livrant sur des propriétés particulières à des actes de vandalisme. Mes paroles n'auraient certainement produit aucun effet sur eux, si un certain nombre de gardes nationaux qui avaient entendu ma protestation ne m'avaient appuyé énergiquement. Ce secours inattendu me suggéra une idée que je m'empressai de mettre à exécution.

Prenant à part une partie des gardes qui venaient de me soutenir, je leur fis comprendre que je faisais une grande différence entre ceux qui croyaient défendre un principe, une idée, bonne ou mauvaise, cela ne me regardait pas, et ces hommes qui ne cherchaient dans la lutte que le moyen de piller, et par conséquent déshonoraient leur cause. Ils me promirent de veiller. Un fédéré qui n'appartenait pas au 109ᵉ, mais portait le numéro 238 à son képi, le corps ceint d'une écharpe franc-maçonnique, me dit : « Je suis délégué du Comité central ; je me charge de faire respecter la position. » Cet homme au nez fortement bourgeonné m'expliqua que depuis quatre jours il ne se couchait pas et n'avait fait qu'un repas. Je compris immédiatement et je m'empressai de donner à Charpentier des instructions en conséquence.

Dès lors ma tactique était indiquée : sacrifier du liquide et obtenir en échange protection des altérés.

Un buffet fut immédiatement établi dans l'office, sous la garde d'un de mes hommes et d'un des leurs. Ils y vinrent à tour de rôle se raffraîchir. Dès ce moment je compris que j'avais assuré pour un temps notre sécurité à tous.

Il était environ midi, lorsqu'un bruit de crosses de fusil appela mon attention sur la cour. Plusieurs gardes nationaux entraient et venaient se joindre aux anciens ; ils faisaient également partie du 109ᵉ et étaient restés en

sentinelles avancées dans les Champs-Élysées,
au coin de la rue Boissy-d'Anglas : leur commandant était avec eux. Ce dernier paraissait
résolu, mais profondément soucieux ; il donna
quelques instructions aux nouveaux venus, puis
disparut. Je le vis quelque temps après à la
Marine en conférence avec un homme en costume civil.

Je fus frappé par la haute stature de l'un des
nouveaux venus. Cet homme avait six pieds environ, de larges épaules, le cou très-court, la
tête forte, les cheveux presque ras et grisson-
nants, le front haut, le nez fort et aquilin, les
lèvres épaisses, surtout la lèvre inférieure, qui
était pendante, les yeux gris, enfoncés dans
l'orbite, d'épais sourcils. Il portait toute sa
barbe, fauve et grisonnante, l'air d'un boule-
dogue en colère. En arrivant, il se coucha, sans
dire un mot, sur un tapis replié en travers d'une
porte. Je pus donc l'examiner à loisir. Il avait
appuyé sa tête sur son bras droit, posé à côté de
lui son fusil, son bissac et une pioche, dont il
ne se séparait jamais et qu'il portait constam-

ment à sa ceinture, à la place d'un revolver. Ses camarades en parlaient avec déférence ; ils l'avaient surnommé Porthos. Cet homme était resté constamment aux avant-postes depuis le 2 avril. Dombrowski l'avait mis à l'ordre du jour pour je ne sais quel tour de force ; ses camarades ne purent me l'expliquer. Il y avait près de deux heures qu'il était couché, lorsqu'un fédéré, ouvrant brusquement la porte derrière laquelle il s'était abrité, vint culbuter sur le colosse ; je crus que celui-ci allait l'assommer sur place. « Je suis donc une puce, que tu ne me vois pas ? gare à ma pioche, si on recommence ! » Le fédéré s'esquiva. Porthos essaya de reprendre son somme, mais ne pouvant y parvenir, il s'assit, les jambes croisées, et demanda où on en était. Il lui fut répondu que les affaires allaient très-bien. Sans dire un mot, il se leva et alla sur le devant inspecter les positions, puis revint à sa place, en disant : « Oui, je la connais ; la plaisanterie « continue ; ils sont bêtes à manger du trèfle.

« Ce matin, nous étions au coin des Champs-

« Élysées, et on tirait de la terrasse. Les ca-
« marades tiraient aussi ; je demande *oùsqu'on*
« tire, et on me montre, à cinq cents mètres,
« quelque chose de rouge qui ne bougeait pas.
« C'est des lignards, disaient-ils. Je regarde ;
« ça me paraît louche. Je dis aux amis de ces-
« ser le feu, et je me coule le long du mur de
« l'Élysée ; je fais environ deux cents mètres en
« avant, et je vois... quoi ? une boutique de
« chevaux de bois ? Les imbéciles avaient brûlé
« plus de quinze cents cartouches sur la bou-
« tique aux moutards. En revenant, je faillis
« être démoli par les brutes de la terrasse, qui
« n'avaient pas et n'ont pas encore cessé le
« feu. Sont-ils bêtes ! hein ? brûler comme ça
« des munitions ! Moi, ajouta-t-il d'un ton plus
« sombre, depuis le commencement des af-
« faires, je n'ai tiré que dix coups de fusil,
« mais je sais où mes balles sont allées... »
Malgré moi, je frissonnai, en entendant ce sinistre aveu, et je me retirai de peur de laisser
échapper un cri d'indignation contre ce misérable.

Vers les cinq heures, je revis le commandant du 109ᵉ, qui me fit demander s'il serait possible de donner, à lui et à ses hommes, quelque chose à manger. Je lui répondis que je n'avais que peu de provisions, et que mon chef n'était pas là; mais que, cependant, il serait facile de l'envoyer chercher, attendu qu'il demeurait au coin de la rue Saint-Honoré et de la rue Saint-Florentin. Il s'empressa de mettre à ma disposition deux gardes, qui me ramenèrent le cuisinier. Je me réjouis de cette circonstance dans l'intérêt de tout le monde, car je n'avais personne sachant préparer nos aliments. A six heures, je vis tout le cadre des officiers prendre son repas à l'office. Ils paraissaient enchantés et assurèrent de nouveau à mes hommes qu'ils nous protégeraient contre toute espèce de danger. Effectivement, des gardes furent placés en observation un peu partout; les faux marins ne paraissaient pas satisfaits de cette surveillance. Pour tout concilier, je fis distribuer à ces derniers quelques litres de vin. Cette manœuvre parut leur plaire. Plusieurs d'entre eux s'étaient

retirés dans une pièce du fond, contiguë à la
terrasse du Cercle; le malheureux piano gé-
missait sous leurs doigts. L'un d'eux, cependant, était d'une certaine force et exécutait successivement des valses et des polkas, que
la bande, hommes et femmes, dansait avec
grand renfort de contorsions et quolibets. Pendant ce temps, le canon, la mitrailleuse et la
fusillade ne cessaient pas. Les danseurs s'en
plaignaient, disant qu'il était impossible d'aller
en mesure avec un pareil vacarme.

La nuit approchant, je fis prendre des dis-
positions pour éviter toute surprise. Mes hommes
étaient chargés de coucher dans certaines pièces
à côté des gardes nationaux et de me prévenir
à la moindre alerte. A huit heures, nous prîmes
un repas qui fut un instant troublé par le délégué du Comité central, toujours revêtu de ses
insignes. Il avait, paraît-il, la religion du sou-
venir. Ayant digéré le déjeuner du matin, il
venait voir s'il serait possible de bien dîner.
Charpentier s'en chargea et l'installa dans une
pièce voisine, où nous l'entendîmes quelque

temps après, développer toutes ses théories à l'homme chargé de lui donner sa pâture. Je prêtai l'oreille un instant, mais je fus bientôt écœuré par le raisonnement de ce personnage. Hélas! nous les connaissons tous maintenant ces théories. La négation de toute religion, de toute famille, la dépossession de celui qui possède en faveur de celui qui n'a rien, liberté aucune, égalité allons donc, fraternité à coups de chassepots...

En sortant de table son état d'ébriété était des plus visibles. Le vin rend communicatif, aussi crut-il devoir venir me remercier, et il profita de cette circonstance pour nous faire ses confidences. Selon lui, l'issue de la lutte n'était pas douteuse; il était impossible de prendre Paris; Delescluze était un grand homme qui avait reconnu en lui de grandes capacités et l'avait attaché à la commission des Subsistances. Sur ce propos, il tira de sa poche un papier graisseux et nous montra effectivement une commission en règle, attachant le citoyen Harly ou Hardy à la manutention aux appointements de 2,400 fr.

Je lui fis compliment de sa haute position. Il me répondit en bégayant qu'on ne connaissait pas encore tout son mérite mais que dans quelque temps, il aurait une position supérieure de 6,000 francs. Comme il devenait trop expansif je le fis reconduire et ne le revis plus de la nuit.

Je m'informai avec beaucoup de précautions quelle était la situation, et je finis par apprendre au milieu d'une quantité de renseignements erronés, que les troupes de Versailles occupaient l'église Saint-Augustin, le ministère de l'Intérieur, l'Élysée et même la mairie de la rue d'Anjou. Ce dernier renseignement me donna à espérer que les troupes seraient bientôt maîtresses de la position. Je comptais qu'au milieu de la nuit les soldats de l'armée régulière gagneraient aisément, par les jardins le coin de la rue Boissy-d'Anglas et qu'aussitôt en vue les insurgés se retireraient sans essayer de se défendre plus longtemps. Mon attente fut trompée. A une heure du matin, mon ami Horoch (1),

---

(1) Garde national réfractaire, réfugié au Cercle.

qui faisait une ronde dans le Cercle, vint m'annoncer qu'il se passait des choses inouïes dans les salons et surtout dans une pièce donnant sur la cour. Je me rendis avec lui à l'endroit indiqué et là nous vîmes des scènes scandaleuses, éclairées par une seule bougie plantée au bout d'une baïonnette. Je jetai un regard rapide sur ce honteux tableau et me retirai précipitamment. Ces brutes me faisaient peur.

Je parcourus, toujours en compagnie de mon ami, les nombreux appartements du Cercle. Nous étions obligés de prendre les plus grandes précautions pour faire cette excursion, attendu qu'à chaque pas nous nous heurtions à un homme endormi, qui, lorsqu'on l'effleurait, grondait furieusement. Nous gagnâmes ainsi les fenêtres donnant sur la place, et là nous vîmes cette belle place de la Concorde sous un aspect que nous ne lui avions jamais connu. Le ciel était assez clair et jetait sur les objets une teinte blafarde. La plupart des candélabres gisaient à terre. La statue de la ville de Lille avait été coupée par le milieu ; la partie tombée formait un amas informe devant son piédestal. En avant de l'obélisque une bombe avait mis le feu au conduit du gaz, la flamme s'échappait de cette ouverture en forme de gerbe.

Les insurgés, postés sur la terrasse des Tuileries, tiraillaient par intervalle.

L'aspect de la barricade de la rue Royale était sombre; les canons se taisaient; les servants étaient couchés pêle-mêle au pied de leurs pièces. Aucun bruit ne se faisait entendre sur ce point. La porte du ministère de la Marine donnant sur la rue Royale était ouverte; à chaque instant des ombres glissaient rapides le long des murailles et allaient rejoindre la barricade élevée à l'entrée du faubourg, où quelques coups de fusil troublaient de temps à autre le calme de cette terrible nuit. Nous rentrâmes et nous nous étendîmes tout habillés sur nos lits. A quatre heures du matin un coup de canon nous fit sortir de l'état de somnolence dans lequel nous nous trouvions; la lutte recommençait plus vive, plus acharnée que la veille. Sans nous en douter, nous entrions dans la seconde pé-

riode de nos vicissitudes, la plus douloureuse,
la plus terrible.

Mardi, 23 mai.

A ma première inspection , je remarquai la
disparition d'une grande partie du 109ᵉ. Je crus
d'abord qu'ils étaient en reconnaissance, mais
un de mes hommes me donna le mot de
l'énigme : soixante environ avaient profité de
l'obscurité de la nuit pour s'échapper et rentrer
chez eux. Il en restait à peine quarante qui me
parurent animés du même désir, car plusieurs
s'adressèrent à moi pour avoir des moyens
d'évasion. Je leur indiquai à tous le ministère
de la Marine donnant, d'une part, sur la rue
Royale, et de l'autre, rue Saint-Florentin. Quelques-uns prirent cette direction et je ne les revis
plus. D'autres voulurent prendre la rue Royale
et la rue Saint-Honoré, mais le passage était
dangereux. Les balles sillonnaient le carrefour et
frappaient les téméraires. Les troupes devaient
s'être rapprochées, à en juger par ce résultat.

Vers dix heures, le commandant du 109ᵉ vint inspecter son poste, sa mauvaise humeur et son découragement étaient visibles, surtout en ne trouvant plus autour de lui qu'une vingtaine d'hommes de son bataillon. Cette désertion m'inquiétait beaucoup, attendu que la bande de marins, de forçats, veux-je dire, était restée au complet, et, d'après les rapports de mes hommes, ils avaient essayé plusieurs fois de fracturer les tiroirs, portes et armoires des appartements : plusieurs objets avaient disparu, douze billes de billard en ivoire avaient été soustraites ; les roulettes des fauteuils avaient été complétement enlevées ; je les ai retrouvées dans un coin, soigneusement enveloppées, un spécialiste les avait mises de côté. Deux ou trois tiroirs fracturés, où rien du reste n'avait été laissé, tel est le bilan de leurs exploits de la nuit, et cela malgré une surveillance incessante. [Ils avaient également voulu forcer les armoires à vin de l'office, mais l'homme que j'avais mis là en faction les menaça d'appeler du monde à son aide. Devant cette menace, ils se retirèrent.

Le concierge du n° 4 de la place de la Concorde, vint aussi me prévenir que l'appartement situé à l'étage au-dessus du Cercle et habité par la famille K..., d'origine turque, avait été complétement pillé. La chambre à coucher de mademoiselle K... avait été principalement saccagée ; un petit bureau en bois de rose avait été forcé ; toutes les armoires étaient ouvertes, les robes et objets de toilette gisaient au milieu de l'appartement ; des ordures et des déjections de toutes sortes émaillaient les tapis ; le malheureux concierge s'arrachait les cheveux de désespoir, l'appartement lui avait été confié et malgré tout son dévouement il n'avait pu le préserver. Il me pria d'en faire une plainte au commandant, mais cet homme avait bien d'autres soucis. Cependant à onze heures, le délégué du Comité central, l'homme au nez bourgeonné, toujours revêtu de son écharpe franc-maçonnique, venait selon son habitude prendre son repas, et je me plaignis vivement à lui de ces actes de brigandage. Sans beaucoup s'émouvoir de mes réclamations, il me dit qu'il allait en faire un rapport au Comité, mais qu'avant il voulait déjeuner, qu'il venait de la rue Jacob, où il avait failli être fusillé par ces gredins de réacs du quartier, qui lui avaient envoyé des coups de fusil. Il tira une seconde fois sa commission graisseuse de sa poche, et me dit qu'il était sans argent. Il avait voulu passer au ministère de la Guerre pour toucher une partie de ses appointements, mais le ministère étant au pouvoir des troupes, il était obligé de rester sans le sou avec un titre aussi sérieux que le sien. Je compris où il voulait en venir, et, coupant court à sa faconde, je l'envoyai à la cuisine. Il ne se fit pas prier et j'en fus débarrassé.

La fusillade était à ce moment des plus violentes dans la rue Royale ; les insurgés tiraient de la première barricade, située à l'angle de la rue Royale et de la rue Saint-Honoré. Du faubourg, les troupes devaient riposter, car les projectiles commençaient à pleuvoir du côté de la porte du ministère. Le gros Porthos, l'homme à la pioche, était revenu dans la matinée prendre sa place sur son tapis et il y resta jusqu'au moment où on vint le chercher pour faire sauter les barrières en fer qui séparent sur la terrasse les divers locataires de notre vaste bâtiment. Ces grilles fortes et épaisses résistèrent peu aux violents coups de pioche du colosse, qui mit à peine dix minutes pour les arracher toutes les trois, laissant ainsi un chemin libre aux fédérés jusqu'au coin de la rue Boissy-d'Anglas. Je dois dire qu'après ce bel exploit je ne revis plus ce redoutable insurgé.

Vers deux heures, je revins me mettre derrière une fenêtre de la rue Royale faisant face à la porte de la Marine. Je vis le commandant toujours en observation avec l'individu de la veille, vêtu en civil. Ce dernier pouvait avoir trente-cinq ans environ. Il était brun, portait des moustaches, sa taille était moyenne; il était coiffé d'un petit chapeau rond, et avait un pardessus gris à collet de velours. L'air d'autorité et de commandement qu'il prenait parfois, lorsqu'on s'approchait de lui, me donna à penser que c'était un membre de la Commune. Cet individu a dû rester constamment au ministère en compagnie du colonel Brunel, que les insurgés m'avaient désigné comme commandant la position.

Plus l'heure s'avancait, plus la fusillade devenait vive. A un moment donné les artilleurs tournèrent une de leurs pièce du côté de la rue Royale, c'est-à-dire l'installèrent devant le n° 6 de la rue, à côté du poste des pompiers. Leur point de mire était la Madeleine et l'îlot de maisons à gauche, entre le faubourg Saint-Honoré et la place de la Madeleine. Leur tir ne discontinuait pas. D'un autre côté, les deux pièces braquées sur la place de la Concorde continuaient à faire rage contre le Corps Législatif, le ministère des affaires étrangères, et sans doute, l'esplanade des Invalides. Les pièces, cependant, commençaient à fatiguer, car j'eus plusieurs fois la satisfaction de les voir rater. Quand cela arrivait, les artilleurs étaient des démons; de fureur, ils donnaient des coups de pieds à leurs canons et s'invectivaient mutuellement. Je faisais des vœux bien sincères pour les voir se dévorer entre eux, mais chaque fois que les taloches pleuvaient, un officier survenait et s'efforçait de les mettre à la raison.

Vers trois heures, des tirailleurs occupèrent toutes les fenêtres du ministère à hauteur du premier étage et ouvrirent le feu dans la même direction que les artilleurs placés au n° 6.

Les salons du Cercle n'étaient plus occupés que par un détachement d'environ trente marins, deux ambulancières, une cantinière et deux femmes portant le costume de marin, plus une douzaine de gardes nationaux. La plupart d'entre eux cuvaient leur vin, étendus sur les tapis, les fauteuils et les canapés, quatre ou cinq continuaient à faire de la musique, mais aucun d'eux ne faisait le coup de feu.

Le faux officier de marine, commandant la barricade, vint requérir dix d'entre eux et recommanda aux autres de faire bonne garde, surtout de veiller avec attention sur le coin de la rue Boissy-d'Anglas, qu'on pouvait apercevoir par le chemin que Porthos avait pratiqué le long de la colonnade, puis il alla avec ses dix hommes relever les servants des pièces et revint peu d'instants après prendre son repas. Cet homme était assez communicatif ; il nous conta qu'il avait fait toute la campagne du siége de Paris dans les cavaliers de la République, qu'il s'y était distingué plusieurs fois, mais que, par une insigne méchanceté de son commandant, il n'avait pas été décoré. Cette déception l'avait aigri contre le gouvernement régulier et l'avait jeté dans les rangs des défenseurs de la Commune.

Je profitai de cette confession faite sur un ton de bonne foi et de franchise réelle pour lui faire remarquer que ses soldats forçaient portes, tiroirs et armoires, que j'étais persuadé qu'il ne pouvait encourager ou même tolérer de semblables crimes et qu'il était fâcheux de le voir, après avoir servi avec honneur dans la guerre contre l'étranger, commander une bande de misérables. Devant cette sortie, il rougit et balbutia d'abord quelques mots, puis finit par m'avouer que ses ordres étaient méconnus complétement, qu'on ne lui obéissait qu'à la manœuvre, mais que depuis deux jours ses hommes étaient encore plus difficiles à commander. « Du reste, je m'attends à chaque « instant à recevoir un mauvais coup, ajouta-t-il, « ce sont des hommes qui ont été pris un peu « partout. La plupart sont étrangers ; j'ai « beaucoup de Belges, d'Italiens, de Polonais, « et trois Allemands déserteurs comprenant à « peine le français ; ils ne connaissent qu'une « chose, la paye. Je vois bien, dit-il, que je « me suis fourré dans un mauvais engrenage, « mais c'est trop tard pour m'en tirer ; le corps « y passera tout entier. Si je puis par ma pré- « sence vous être utile, usez de moi. » Alors, je le priai de commander à ses hommes un peu plus de discrétion avec les armoires et de respect pour l'immeuble. Il fit le tour des appartements et adressa de violents reproches à son monde. Je profitai de cette circonstance pour lui faire remarquer que quelques-uns de ces hommes poussaient des reconnaissances intéressées dans les appartements du voisinage ; que non-seulement c'était dangereux pour eux, mais que cela ne faisait qu'augmen- .

ter sa responsabilité au point de vue des vols commis. Il leur interdit alors sévèrement de dépasser la barrière en fer de la colonnade sous peine de se voir « flanquer un coup « de revolver à la première infraction. » J'étais un peu rassuré par ce nouvel appui, lorsque tout à coup Robert, le concierge, très-surexcité vint m'annoncer que les fédérés allaient mettre le feu avec du pétrole à la maison Biot, située au coin de la rue Royale et du faubourg. Je crus que c'était un racontar comme plusieurs fois on m'en avait fait depuis l'occupation du Cercle. Cependant je me mis en observation et pus bientôt constater qu'on sortait avec des précautions inouïes du ministère de la Marine des touries de pétrole et qu'on les dirigeait en rasant les maisons du côté droit de la rue Royale jusqu'au coin du faubourg. Quelques instants après une fumée épaisse, puis des langues de feu s'échappèrent des fenêtres. Le crime commençait.

En présence de ce forfait, l'indigation de mes amis et de mon personnel était à son comble.

Je fus obligé d'user d'autorité pour arrêter l'explosion des sentiments d'horreur et de malédiction qui s'échappait de toutes les poitrines. Je dois avouer qu'à un moment donné, je ne fus pas maître de moi; le commandant se trouvant dans la cour, je lui dis que l'acte qu'il commettait était horrible et infâme, qu'en attaquant la propriété privée, il mettait le comble à ses forfaits, que probablement des femmes et des enfants allaient se trouver ensevelis dans les caves (1), et que les barbares des âges anciens étaient dépassés par eux. Le commandant essaya de justifier ce crime, en disant : « Les « Versaillais gagnent du terrain : nous crai- « gnons qu'ils ne s'emparent du coin du fau- « bourg Saint-Honoré, et de là nous obligent à « abandonner la barricade; en mettant le feu « à cette maison, nous avons fait partir tous « les habitants; nous retardons le mouvement

---

(1) Mes appréhensions furent malheureusement justifiées : sept personnes périrent étouffées au nº 1 de la rue du Faubourg-Saint-Honoré, à cent mètres de nous.

« en avant des Versaillais, ce qui nous permet
« d'attendre les nouveaux renforts qui doivent
« nous arriver incessamment. Puis, ajouta-t-il,
« ce n'est pas moi qui commande ; j'agis par
« ordre du Comité, et le Comité, du reste, ne
« fait qu'user de représailles, attendu que les
« Versaillais nous envoient constamment des
« bombes à pétrole. On vient de m'annoncer
« que ces bombes ont allumé, au ministère des
« Finances, un incendie que nous nous occu-
« pons d'éteindre. »

Mais c'était perdre son temps. La meilleure
chose eût été de devancer la justice de Dieu, en
lui envoyant une balle dans la tête ; et je crois
qu'à ce moment, si j'avais eu avec moi cinquante
hommes résolus, nous nous serions rapidement
emparés de tous ces bandits. Mais, hélas ! ré-
duits à nos propres forces, nous aurions fait
œuvre de fous, si nous avions tenté ce coup
hardi, sans aucune chance de succès.

Cependant, et à partir de ce moment, mes
amis et moi, nous prîmes des revolvers ; la fusillade continuait plus vive que jamais ; l'action

devait être sérieuse dans le faubourg et sur le boulevard Malesherbes, et les troupes devaient approcher, car on entendait très-distinctement les feux de peloton de l'armée régulière.

La panique commençait à gagner les quelques gardes nationaux du 109e qui étaient restés au Cercle. L'un d'eux, l'adjudant, je crois, s'était blotti à la cuisine et s'emparait d'un costume de cuisinier, puis, ainsi vêtu, essayait de s'esquiver; mais il tomba justement sur le commandant, qui le reconnut aussitôt et l'accabla d'injures, l'appelant lâche, capon, traître, etc.; ce malheureux avait à peine dix-huit ans. Pleurant comme un enfant, il remonta à la cuisine, toujours suivi de son terrible commandant, et revint quelques minutes après reprendre, avec son ancien costume, son poste d'observation, à l'une des fenêtres du Cercle.

Le commandant lançait à tous des regards soupçonneux. Depuis ma violente sortie, il ne me parlait plus, et quoique l'heure de son repas approchât, il ne paraissait pas, comme la veille, s'en préoccuper. La rue continuait à être

sillonnée par des individus traînant des touries,
d'autres portant des caisses sous le poids des-
quelles ils paraissaient fléchir. Un obus vint
éclater à ce moment, et l'un des porteurs fut
tellement effrayé qu'il jeta son fardeau et s'en-
fuit précipitamment. Je vis aussi sortir du ministère une pompe ordinaire, servant habituel-
lement à l'extinction des incendies. Cette pompe
était traînée par quelques marins et trois femmes, qui me parurent fortement exaltées Je ne
comprenais pas tout d'abord à quoi pouvait être
utile cet instrument de secours ; j'eus la naïveté
de croire que le feu gagnant les maisons voisines, ils voulaient circonscrire l'incendie et
l'empêcher de se propager; mais, hélas! je fus
bientôt détrompé, car je vis installer la pompe
au coin du faubourg. Les femmes vidèrent
les touries de pétrole dans le récipient, puis,
ce groupe de hideux misérables se précipita
avec rage pour faire mouvoir l'appareil. L'un
d'eux tenant la lance se disposait à arroser les
maisons qui se trouvaient de l'autre côté de la
rue, de façon à pouvoir commettre son crim e

sans risquer de recevoir un juste châtiment.

Profondément affligé de trouver tant de perversité dans la nature humaine, je quittai ma fenêtre et redescendis dans la cour. Là, je ne rencontrai que des femmes affolées, criant, pleurant et serrant leurs enfants dans leurs bras ; j'eus beaucoup de peine à faire descendre ces malheureux dans les caves, d'où ils étaient sortis de peur d'y être brûlés vifs. Je leur fis comprendre que leur crainte était exagérée, car, avant que l'incendie arrivât jusqu'à nous, il fallait au moins quarante-huit heures, vu la solidité des constructions. Je tâchais de les convaincre quoique je fusse très-peu convaincu moi-même ; je m'attendais à chaque instant à recevoir la visite de la bande de pétroleurs et pétroleuses ; c'est dans cette crainte terrible que je vis approcher la nuit.

On vint me dire vers huit heures que l'homme au nez bourgeonné était à la cuisine. Je ne voulus pas le voir, mais je donnai des instructions pour qu'on augmentât sa dose de liquide, afin de l'empêcher de nuire pendant quelques heures ; là, suivant son habitude, ce misérable devint communicatif et annonça fort tranquillement que notre pâté de maisons était destiné à « flamber », qu'on nous préviendrait une heure avant, que du reste il était chargé de donner les ordres en temps opportun.

Après avoir fait ces confidences infernales sur le sort qui nous était réservé, il s'était levé péniblement de son siége et était allé se coucher dans l'appartement de Monsieur K... Son état le rendait incapable de bouger pendant quelques heures, j'en étais parfaitement convaincu ; à ce moment j'avais bien envie de le faire enfermer dans une cave et dé le garder là jusqu'à la fin, mais le moyen était dangereux ; nous étions surveillés de très-près. Le commandant avait dû aller à la Marine et faire sur notre compte un rapport défavorable ; il était venu lui-même pendant le dîner du délégué deux ou trois fois à la cuisine sous prétexte de prendre un peu de potage et avait constamment refusé de prendre part aux libations du délégué du Comité central; j'étais, après avoir bien réfléchi, obligé d'attendre encore dans des angoisses terribles un moment plus favorable pour tenter notre délivrance.

Plusieurs marins vinrent dans le courant de la soirée demander du vin et des aliments. Ils mangèrent, burent davantage et se retirèrent dans les salons où ils s'étendirent sur le tapis. Après leur départ de l'office je fus prévenu que quelques-uns d'entre eux avaient emporté les couverts en ruolz dont ils s'étaient servis pour prendre leur repas, je crus inutile de les leur faire réclamer ; le cuisinier me fit demander vers neuf heures la permission de rentrer chez lui pour rassurer sa femme et ses enfants, je refusai tout d'abord craignant de le voir exposé à de nombreux périls, mais il insista beaucoup et Charpentier m'affirma qu'il allait le faire reconduire par des gardes nationaux ; effectivement ils descendirent ensemble et je les vis sur la porte causer avec un groupe de cinq individus ; ces derniers portaient des costumes de fantaisie, l'un d'eux se détacha et traversa rapidement la rue, suivi de Bedet ; je les perdis de vue à leur entrée à la Marine, quant à Charpentier il rentrait avec les quatre autres, qui, avant de le suivre, avaient rangé au coin de la porte quelque chose que je ne pus distinguer. Dix minutes après, je vis les mêmes hommes s'en aller en emportant les mêmes objets. Charpentier vint m'expliquer le mystère. Il avait trouvé ces misérables assis sur des sacs de chiffons ayant à leur côté des seaux remplis de pétrole et recouverts de toiles pour préserver le pétrole des étincelles qui jaillissaient de toutes parts ; ils attendaient tranquillement des ordres ; c'était à eux que Charpentier s'était adressé pour faire reconduire le cuisinier. Cette bande de brigands avait justement apporté le matin à la cuisine du saucisson et du jambon que le chef leur avait préparés de très-bonne grâce ; aussi l'un d'eux après un peu d'hésitation voulut bien le reconduire à condition toutefois qu'on les régalerait. « C'est pour cela que vous m'avez vu avec eux, « me dit Charpentier, j'ai fait tout mon possi- « ble pour les griser et les garder plus longtemps, « ils n'ont pas voulu, ils m'ont dit qu'ils ne

« savaient pas exactement où ils devaient aller
« verser leur abominable marchandise. » Nous
les suivîmes des yeux et les vîmes s'arrêter vers
le milieu de la rue, puis revenir sur leurs pas
et finalement gagner la porte de la Marine,
toujours chargés de leurs seaux à pétrole.

Quelque temps après, l'individu qui avait re-
conduit Bedet vint à son tour chercher le prix
de sa complaisance; c'était le caporal de la
bande; sa station fut longue, et, pour me servir
de l'expression de Charpentier; il se retira une
demi-heure après *complet*, il avait, paraît-il, ab-
sorbé près de deux litres d'un vin capiteux, plus
un quart d'eau-de-vie. Il s'en alla en titubant
gagner la barricade du bout de la rue où nous
retrouvâmes son cadavre le lendemain matin,
il avait reçu une balle dans l'œil gauche. Les
autres, je ne sais ce qu'ils sont devenus.

Toutes les promenades de ces hommes affreux
n'étaient pas faites pour calmer mes craintes.
Aussi, malgré une fatigue excessive, je ne pouvais quitter les appartements que je continuai à
parcourir. Je pus constater la disparition com-

plète de tous les gardes nationaux. Le commandant et son malheureux adjudant avaient jugé prudent de s'esquiver. Je n'avais plus en haut qu'une vingtaine d'individus à la physionomie farouche, la fine fleur de la canaille. Les uns étaient complétement ivres et dormaient bruyamment, cinq ou six autres étaient en observation sur la terrasse du Cercle et surveillaient attentivement le bout de la colonnade. A partir de ce moment je ne vis plus aucun officier.

Il était environ onze heures, lorsque l'incendie de la rue prit une plus grande intensité. La position était horrible. Les brigands avaient successivement mis le feu à trois points de la rue Royale, qui était entièrement éclairée par ce triple incendie. On voyait passer également au dessus du ministère de la Marine de nombreuses flammèches provenant de l'incendie des Finances ; des pages de registre venaient tomber enflammées jusque sur les balcons ; un peu plus loin on apercevait l'incendie des Tuileries. Sur la droite, celui de la Cour des Comptes, de la

Légion d'honneur, de la rue de Lille et de la
rue du Bac. Tous ces feux remplissaient l'air de
fumée et projetaient au loin une lueur sinistre ;
c'était à croire que tout Paris brûlait. Pendant
ce temps les insurgés continuaient à tirer de la
terrasse des Tuileries et de la barricade de la
rue Saint-Florentin. Sur celle de la rue Royale
il y avait deux pièces sur trois qui tonnaient
encore, mais on entendait peu de coups de fusil;
les tirailleurs insurgés étaient à la barricade située un peu plus avant, entre les deux incendies. On les voyait distinctement à la lueur des
flammes faire le coup de feu avec acharnement.

Les insurgés avaient complétement aban-
donné deux pièces du Cercle, situées sur la rue
Royale. Nous nous empressâmes de nous barricader de ce côté tant bien que mal, afin de
pouvoir suivre les progrès de l'incendie sans
crainte d'être dérangés. La plupart des habitants
de la maison étaient occupés à enfouir dans les
caves leurs meubles et objets précieux, pour les
soustraire à l'incendie qui nous menaçait. J'avais
toujours avec moi mon ami Horoch et Charpen-

tier. De temps en temps nous descendions à tour de rôle porter des nouvelles à un malheureux ami, amputé de Sedan, et qui, étendu sur un matelas dans mon bureau, attendait la fin de l'horrible drame. Le sang-froid de ce brave était extraordinaire. Malgré la gravité de la situation, il nous disait sur un ton presque plaisant : « J'ai perdu ma jambe à Sedan, mais ici je vais voir griller mes deux béquilles ; ah ! les gredins, si j'avais seulement ma compagnie de petits chasseurs, nom d'un petit bonhomme, je leur ferais payer cher leurs lâchetés. » Il voulait absolument monter avec nous et avoir des armes, je lui promettais constamment de lui en donner en temps opportun.

Le maître d'hôtel tombait de fatigue. Je l'engageai à prendre un peu de repos, puis je revins me placer à plat-ventre à mon observatoire. Dans cette position je voyais plus facilement ce qui se passait par le bas de la fenêtre et je risquais moins d'être vu ; je restai environ trois heures dans cette attitude pour surveiller les progrès de l'incendie. L'oriflamme du magasin de teinturerie placé au n° 15 me servait de point de repère. Tant que je la voyais flotter au vent, je me sentais rassuré, mais vers une heure du matin l'oriflamme brûla comme une allumette, quelques minutes après, les flammes s'élevèrent plus hautes et plus effrayantes; la rue était inondée de lugubres clartés. Des malheureux s'échappaient des maisons voisines et cherchaient un refuge de notre côté, les femmes et les enfants criaient et pleuraient, spectacle terrible, difficile à oublier.

A ce moment un des misérables qui étaient en faction à ma porte héla un de ses camarades installé sur la barricade et il s'établit entre eux un petit dialogue que je reproduis textuellement, pour montrer que la Commune avait recruté ses défenseurs dans les bas fonds les plus immondes.

— *Hé, Surau, est-ce que t'es propriétaire de la rue Royale, toi? — N'a pas de danger! — — Eh bien! ni moi non plus, je m'en f... ils peuvent tous griller.* Puis apercevant un groupe de malheureux qui fuyaient leurs logements en

flammes, il ajouta : — *En v'la un tas de far-*
ceurs qui ne veulent pas griller dans leurs cas-
sines, s... tas de n... de D..., je leur-z-y f... ma
baïonnette dans le ventre s'ils viennent par là.

Cette conversation dura encore quelques minutes, mais l'individu de la barricade s'étant
rapproché, il me fut impossible d'en entendre
davantage.

Les deux canons de la rue étaient presque
hors de service. Je m'attendais à chaque instant
à les voir éclater, car, malgré leur mauvais état,
les artilleurs n'en persistaient pas moins à vouloir s'en servir.

De ma fenêtre je pus constater aussi que plus
la nuit avançait, moins les défenseurs de la barricade étaient nombreux ; je voyais les insurgés
quitter isolément le Cercle ; je pouvais donc
espérer que nous serions bientôt délivrés de ces
hôtes exécrés. Vers deux heures et demie, le
jour commença à poindre. Cette journée qui
allait commencer amènerait-elle notre délivrance ?...

A trois heures du matin je descendis dans

la cour, où je trouvai la plus grande partie
de mon monde écoutant les nouvelles que
deux habitants du n° 11 venaient d'apporter.
Ceux-ci prétendaient que les insurgés étaient
occupés à mettre le feu au n° 13, et qu'ils les
avaient forcés à chercher un asile ailleurs,
parce que le n° 11 était aussi voué à l'incendie.
Ces nouvelles, peu rassurantes, étaient à peine
apportées, qu'un grand gaillard, le fusil en ban-
douillère et le revolver à la ceinture, vint
demander le citoyen propriétaire ou le citoyen
concierge, pour lui faire une communication.
Je me présentai immédiatement.

— Citoyen, me dit-il, le commandant de la
Marine veut vous parler.

—Que me veut-il?—Venez, vous le saurez.—
Il m'est impossible de sortir d'ici. —Cependant,
citoyen, c'est dans votre intérêt. — Je n'en
doute pas, mais je ne veux pas quitter la maison; si le commandant a quelque communication à me faire, qu'il veuille bien vous en char-
ger. — Comme vous voudrez.

Sur ce, il partit. Il faut ajouter que, pendant

ce court entretien, j'avais constamment regardé mon interlocuteur en face, la main appuyée sur le révolver de cavalerie que j'avais à ma ceinture.

Nous étions tous dans une anxiété profonde, et je dois dire que les minutes me parurent des siècles, pendant que ce disgracieux messager était allé prendre les ordres du commandant.

Au bout de dix minutes, nous le vîmes revenir, accompagné cette fois d'un marin. Voici la bonne nouvelle qu'il nous apportait :

« Je suis chargé, dit-il, de vous annoncer que
« nous allons, dans une ou deux heures, faire
« sauter le ministère de la Marine et les égouts,
« et que nous avons ordre de mettre le feu à
« toute la rue Royale. Je vous engage donc à
« faire mettre à l'abri les femmes et les enfants
« que vous avez ici ; nous vous offrons le pas-
« sage dans nos lignes pour vous mettre en
« sûreté à l'intérieur de Paris, mais hâtez-vous ;
« dans une demi-heure, nous ne pourrons plus
« rien pour vous. »

Je compris qu'il était inutile de discuter avec

ce brigand ; je me contentai de m'adresser aux gens qui m'entouraient, en leur disant : « Mes « amis, vous venez d'entendre la déclaration qui « nous est faite ; il n'est malheureusement pas « en mon pouvoir de vous protéger plus long- « temps ; que chacun suive sa propre inspira- « tion. Pour moi, je ne veux ni ne dois quitter « mon poste ; seulement la situation sera pro- « bablement très-difficile ici, et je vous invite « à profiter de la facilité qui vous est offerte, « pour gagner un abri plus sûr. »

Ces malheureux crurent devoir tous m'engager à partir avec eux, mais j'éprouvais, je ne sais pourquoi, une répulsion invincible à m'engager dans les lignes des insurgés ; je sentais que là n'était pas le salut, la délivrance.

L'homme voulut également m'engager à quitter la position, en me disant : — Citoyen, vous « pourrez avoir chaud, tout à l'heure. » Je lui répondis : « C'est possible, mais j'ai un moyen « infaillible d'abréger mes souffrances.— Après « tout, c'est votre affaire, me dit-il, ça vous re- « garde ; je vais attendre votre monde sur la

« porte du ministère. » Puis, il partit; son compagnon ne le suivit pas, il resta sur le seuil de la porte.

Je remontai chez moi; je prévins mon ami Mirlin de la situation et je l'engageai vivement à partir. J'eus beaucoup de peine à le décider. Enfin Alexandre et Charles le prirent dans leurs bras et le descendirent dans la cour. Je donnai mon chapeau à mon pauvre blessé, car les communeux lui auraient fait un mauvais parti, s'ils avaient vu le képi d'officier de l'armée régulière qu'il portait. Puis, j'embrassai tous ceux qui partaient. A ce moment, je puis l'avouer sans faiblesse, mon cœur se serra et des larmes m'obscurcirent la vue. Je recommandai le blessé à mes serviteurs, puis ils partirent, les hommes portant les enfants, les femmes des paquets et des objets précieux.

Je fis à mon concierge la recommandation au cas où il m'arriverait malheur, de faire parvenir à ma femme des lettres que j'avais préparées depuis plusieurs jours, ensuite je l'engageai à rejoindre le groupe qui était déjà au ministère.

Ici je dois relater un fait qui, pour être simple n'en est pas moins touchant. Le concierge et sa femme étaient arrivés au milieu de la rue, tout à coup la femme se ravise, elle revient précipitamment sur ses pas ; quel intérêt si puissant pouvait la faire revenir en arrière dans un moment si critique ? je la suivis des yeux ; elle rentra chez elle et ouvrit la cage d'un serin ; la pauvre bête s'envola, elle aussi était sauvée. Je ne pus m'empêcher de sourire tristement.

Je restais donc seul, je le croyais du moins ; heureusement je me trompais, un ami me restait encore. Horoch était revenu sur ses pas, me disant : toute réflexion faite, je ne te quitterai pas. Je le suppliai en vain de partir, il s'y refusa ; notre sang-froid cependant commençait à nous abandonner. Tandis que mon ami descend à la cave pour voir s'il ne serait pas possible de s'y barricader, je remonte dans mon appartement ; j'entre dans ma chambre à coucher, et en voyant les berceaux vides de mes enfants je ne puis me défendre d'une violente émotion :

des mots sans suite, une sorte de prière me
monta du cœur aux lèvres; puis, tout à coup,
je me relevai plus fort, l'émotion était vaincue,
je redevenais maître de moi-même. Je quittai
alors ma chambre et descendis dans la cour.

Tout cela n'avait demandé que quelques minutes. J'appelai mon ami qui vint aussitôt, mais
en même temps parut aussi le matelot qui avait
accompagné le messager de la marine. Il vint à
nous avec son fusil à la main et commença la
conversation par ces mots : « Dites donc moi,
« je n'ai pas envie de retourner avec eux, je
« vais rester avec vous, j'aime mieux ça, je
« trouverais, je crois, plus facilement le moyen
« de me donner de l'air. »

Je commençais par lui faire remarquer que
le fusil qu'il tenait à la main était une mauvaise
recommandation auprès des Versaillais. Sur
cette observation il le jeta dans un coin, tira de
sa poche une casquette, passa une cotte bleue
qu'il portait attachée autour des reins sous ses
vêtements, puis ainsi transformé, il me dit :
« ni vu ni connu, je m'en fiche à présent, les

« roussins n'y verront que du bleu. Voyez-vous,
« ça me connaît, ils m'ont déjà raté à Auteuil
« avant-hier et il est bien certain qu'ils ne me
« pinceront pas encore cette fois. »

Je lui demandai où pouvait se trouver l'armée de Versailles. Il m'affirma qu'elle était rue Boissy-d'Anglas. Cette nouvelle me fit un plaisir extrême, cependant la présence de cet individu me contrariait vivement, je craignais qu'il n'eût été envoyé pour surveiller mes faits et gestes. Aussi dans mes pérégrinations à travers le Cercle, j'avais soin de le faire passer devant moi et de tenir toujours la main sur mon révolver. Nous inspectâmes ainsi la rue Royale, où il ne restait qu'une quinzaine d'insurgés, les salons étaient abandonnés, les ivrognes eux-mêmes paraissaient avoir quitté la place. On apercevait encore à la Marine des gens qui regardaient par les fenêtres avec précaution, car les balles de l'armée arrivaient jusqu'à eux. Un matelot venait d'être tué raide, et les pétroleurs, malgré leur envie d'achever leur œuvre infernale, paraissaient ne plus oser traverser la rue.

Comprenant alors que nous serions en sûreté et que le ministère ne sauterait pas tant qu'il serait occupé par les communeux, je me mis à rechercher les moyens de parvenir jusqu'aux avant-postes de l'armée pour les prévenir que le Cercle et la barricade étaient presque abandonnés et les engager à s'emparer au plus vite de ces positions importantes. Si mon projet réussissait, j'assurais à l'armée deux positions qui commandaient toutes les autres et j'enlevais aux communeux le temps et les moyens de faire sauter le ministère et d'incendier le Cercle.

Mais comment quitter notre prison? La rue et la place étaient sillonnées par les balles. Ma perplexité était grande. N'être séparés de l'armée que par quelques mètres de distance et ne pouvoir l'appeler à notre secours et prévenir ainsi une catastrophe épouvantable!

Tout à coup il me vint une idée.

Je me rappelai que l'illustre Porthos avait abattu avec sa pioche les grilles de la colonnade, le chemin était donc libre de ce côté jusqu'à la rue Boissy-d'Anglas. Sans perdre une minute, je vins examiner la position. Le chemin paraissait désert; la route était possible, mais, si les troupes nous voyaient, nous pouvions être victimes d'une méprise et être accueillis à coups de chassepots.

Après avoir fait part de mon projet à mon ami qui l'approuva, j'engageai le matelot à ouvrir la marche. Il s'y prêta de bonne grâce, heureusement pour lui, car j'étais décidé à lui brûler la cervelle à la moindre incartade. A peine avions-nous escaladé la première grille, que les balles sifflèrent à nos oreilles. On tirait sur nous de la terrasse des Tuileries; à la deuxième grille nous eûmes également à essuyer une seconde décharge. Enfin, nous atteignîmes sans avoir reçu la moindre égratignure, l'appartement du duc de Crillon, situé au n° 10 de la place de la Concorde. Nous traversâmes de somptueux appartements et nous remarquâmes sur les meubles de nombreuses traces d'effraction. Après avoir gagné une fenêtre donnant sur la rue, nous regardâmes avec beaucoup de précaution; mais nous n'aperçûmes rien, si ce n'est une barricade près de la rue du Faubourg Saint-Honoré et qui paraissait abandonnée. J'agitai un mouchoir blanc, rien ne bougea. Alors, nous descendons dans la cour; j'entre dans la loge de la concierge, elle était vide. Je tire le cordon pour ouvrir la porte et voir ce qui se passait sous les arcades, peine perdue; la porte ne s'ouvrait pas. J'appelle la concierge, et, au bout de quelques minutes je vois arriver une bonne femme toute tremblante, car elle me prenait pour un fédéré. Je la rassurai bien vite en me faisant connaître. C'était la concierge du n° 10. Je lui demandai où étaient les troupes; elle me répondit qu'elle était dans la cave depuis quarante-huit heures avec son mari et qu'elle ne savait absolument rien. Nous descendîmes à la cave et je demandai au mari s'il connaissait un moyen de gagner la rue sans trop de difficultés; il me dit que les fédérés avaient cloué sa porte à l'intérieur et qu'ils lui avaient défendu sous peine de mort de l'ouvrir. Il nous montra un soupirail à travers lequel nous aurions pu gagner la rue, mais il aurait fallu au moins deux heures de travail pour briser les barreaux de fer qui en interdisaient le passage. Je renonçai donc à ce moyen. Un instant, j'eus l'intention de jeter dans les fenêtres du Cercle Impérial une pierre enveloppée dans un écrit qui aurait fait connaître notre situation, mais le marin me fit observer que notre message pourrait tomber entre les mains des fédérés, qui nous fusilleraient sans pitié. D'un autre côté, le concierge qui n'était pas rassuré le moins du monde, me pria d'abandonner ce projet.

Ensuite le marin entama avec le concierge une polémique, que je me dispensai d'écouter. Je remontai dans la cour et pénétrant dans une écurie, je fus assez heureux pour y trouver une échelle qui me permit d'atteindre une fenêtre vitrée d'où je pus voir ce qui se passait dans la rue. J'espérais à chaque instant apercevoir un képi rouge. Je me serais alors empressé de monter à l'étage supérieur pour renouveler mes signaux de détresse ; mais la rue était tout à fait déserte, et je n'apercevais aux fenêtres de face aucun être humain.

Il y avait environ dix minutes que j'étais dans cette position, lorsque je vis arriver du bout de la rue un groupe de sept personnes qui avaient dû gagner ce point par les arcades de la place. Je reconnus aussitôt un habitant du quartier, M. A...., accompagné de sa femme et de ses enfants. Ils avaient l'air de chercher un refuge, je les appelai, mais ils ne m'entendirent pas. Le vitrage ne pouvant s'ouvrir, je brisai un carreau. A ce bruit, cette malheureuse famille s'arrêta frappée de stupeur ; je les engageai tous à revenir sur leurs pas et à partager notre abri ; ils s'empressèrent de suivre mon conseil ; je vins alors à la porte et, aidé de mon ami et du concierge, je parvins à l'ouvrir, malgré la menace de mort des fédérés. Nos nouveaux compagnons d'infortune paraissaient accablés. M. A..... seul possédait tout son sang-froid et paraissait animé d'une sombre énergie. Les fugitifs venaient de quitter leur maison en flamme ; ils se sauvaient sans le moindre bagage, à peine vêtus. Mme A..... était même en cheveux, c'était un spectacle navrant de voir cette famille désespérée.

Quelques instants après nous aperçûmes le concierge du Cercle Impérial qui ouvrait doucement sa porte et examinait, non sans précaution, l'état de la rue.

Je l'appelai et lui demandai, s'il nous serait possible de gagner le Cercle. Il répondit affirmativement. Nous nous empressâmes de traverser la rue et de nous rapprocher ainsi de l'armée. Un employé du club nous annonça que la barricade du bout de la rue était occupée par l'armée régulière. Sans perdre de temps je me dirigeai vers cette barricade, derrière laquelle j'aperçus nos braves lignards; j'agitai un mouchoir blanc en signe d'amitié, puis j'élevai la voix et m'efforçai de leur faire connaître la position du Cercle et de la barricade de la rue Royale.

Alors un capitaine sortit de l'allée de la maison portant le n° 19 et contiguë à la barricade. Il m'invita à traverser rapidement le faubourg Saint-Honoré qui était balayé par les balles des communeux et à lui donner mes renseignements de plus près.

En un clin d'œil je fus auprès de lui. Mon premier mouvement fut de me livrer à l'expansion d'une joie bien naturelle en me trouvant au milieu de nos libérateurs, mais le capitaine m'interpella brusquement et me demanda qui j'étais. Je m'empressai de lui faire connaître ma position, lui montrant à l'appui de mon dire de nombreux papiers que j'avais heureusement sur moi et qui établissaient mon identité. Il lut le tout avec attention, et pleinement rasssuré m'écouta avec bienveillance.

Je le prévins du sort qui était réservé aux immeubles de la rue Royale et au ministère de la marine et l'engageai vivement à occuper le Cercle. Il me répondit qu'il allait transmettre mes renseignements au général et prendre ses ordres.

L'estafette partit. Dix minutes après, pendant que je faisais aux officiers du régiment le récit de nos souffrances, l'ordre de marcher en avant arriva; je m'empressai de devancer les troupes et les conduisis jusqu'au Cercle par le chemin que j'avais pris une heure auparavant. Là, je pris deux drapeaux que j'avais achetés au début de la guerre pour célébrer, hélas ! nos futures victoires ; j'en plantai un sur le balcon et descendis avec l'autre sur la barricade où je fus assez heureux pour arrêter le dernier insurgé, qui, surpris de cette brusque attaque, ne fit aucune résistance.

A ce moment les troupes faisaient irruption par les arcades, la colonnade de la place et le faubourg. Je leur remis mon prisonnier. Le capitaine Le Moing du 5ᵉ régiment provisoire vint prendre possession du Cercle. J'en étais d'autant plus heureux que c'était lui et sa compagnie que je venais de quitter à la barricade de la rue Boissy-d'Anglas. Horoch rentrait avec eux. Quant au prétendu marin, qui s'était fait le compagnon de notre infortune, il me fut impossible de savoir ce qu'il était devenu. Dans ma précipitation à rentrer au Cercle je l'ai complétement perdu de vue.

La compagnie s'installa au Cercle ; puis le capitaine me donna dix hommes avec lesquels je fouillai soigneusement les appartements, les caves et les greniers de la maison ; je commençai par l'appartement de M. K..., espérant y retrouver l'homme au nez bourgeonné, mais le scélérat avait décampé en ne laissant dans la chambre à coucher que son fusil. Le lit avait conservé encore un reste de chaleur, ce qui nous fit supposer que ce misérable ne devait pas être parti depuis longtemps.

En faisant cette perquisition minutieuse, nous découvrîmes dans la pièce de fond, où j'avais entassé les meubles, un marin qui dormait sur un canapé. Le réveil fut pour lui des plus désagréables. Les soldats voulaient le fusiller sur place ; mais je parvins à les empêcher de faire justice immédiate.

Je me saisis de cet homme et le fouillai aussitôt. Il avait les poches pleines d'objets volés, provenant tous du pillage de l'appartement de notre voisin, M. K... Entre autres objets qu'il disait avec beaucoup d'aplomb lui appartenir, je dois citer un petit service de voyage en argent avec son écrin, gobelet, fourchette, couteau, tire-bouchon, etc., le tout marqué aux

initiales de Mlle K..., plus un petit nécessaire
à ouvrage en cuir de Russie qni contenait un
collier de perles précieuses, le tout marqué aux
mêmes initiales.

Il était inutile de demander de plus longues
explications à ce bandit. Je le fis emmener
et justice fut faite dans le fossé de la barricade où déjà on avait fusillé tous les pétroleurs et pétroleuses saisis à la Marine et qui
avaient été surpris par la brusque arrivée des
troupes.

Deux de ces monstres furent fusillés sur le
théâtre même de leurs forfaits, leur seau de
pétrole à la main.

En rentrant chez moi, je fus bien heureux
de retrouver mon ami Mirlin. Lui et les porteurs que je lui avais donnés, après avoir plusieurs fois échappé à la mort, avaient jugé à
propos de regagner le Cercle, préférant sauter
que de rester au milieu de pareils scélérats.

Le cocher de M. K... était rentré également.
Il devait la vie à sa femme qui s'était jetée
bravement entre lui et les insurgés au moment

où ceux-ci, excités par des pétroleuses, voulaient l'assassiner.

Dans la bagarre il avait perdu son enfant de sept ans, auquel il avait confié des valeurs, fruit de ses épargnes. Son désespoir était à son comble. Vers midi seulement l'enfant rentra. Il avait suivi le gros des fugitifs de la rue Royale. Ces malheureux nous croyaient morts, et, de notre côté, nous n'étions pas sans avoir éprouvé sur leur sort des craintes sérieuses ; heureusement ils étaient sains et saufs ; ils avaient pu, à travers mille dangers, gagner la rue d'Alger, où les troupes de Versailles les trouvèrent et mirent fin à leurs périls.

Je croyais le maître d'hôtel parti avec les fugitifs, c'était une erreur. Accablé de fatigue, il s'était réfugié dans sa chambre, s'était jeté sur son lit et n'avait pas tardé à s'endormir d'un profond sommeil. Tout à coup il est réveillé par une forte chiquenaude. Une des balles qu'on nous avait envoyées au moment où nous suivions la colonnade avait traversé le châssis en bois de sa fenêtre, puis une chaise et

un tapis, et finalement l'avait simplement con-
tusionné au menton.

Inutile de dire que je fus excessivement heureux de n'avoir à enregistrer aucun malheur.
Le personnel était intact, les habitants de la
maison étaient sauvés. Quant aux dégâts matériels, ils sont sans importance.

Les vols et les dépenses occasionnées par
l'occupation représentent une valeur insigni-
fiante.

Je dois ajouter que, contrairement à ce qu'en
ont dit les journaux, pas une bouteille de vin
fin n'a été donnée aux fédérés. Le vin qui
leur a si bien monté à la tête était du vin
d'office, qui, mêlé à quelques bouteilles d'eau-
de-vie, a parfaitement satisfait leurs appétits
grossiers.

Mais lorsque les troupes sont entrées au
Cercle, j'ai cru devoir me montrer plus géné-
reux et mettre à la disposition de nos libérateurs
toutes les ressources de la cave.

Le capitaine de la compagnie me remercia
et ne voulut accepter qu'un déjeuner et un

quart de litre de vin pour chacun de ses hommes.

Vers deux heures, nos braves soldats reçurent l'ordre de marcher en avant et nous quittèrent pour achever leur œuvre de délivrance.

Une fois le calme rétabli, j'ai pu recueillir les renseignements suivants, concernant le ministère de la Marine.

Le ministère, comme le Cercle de la rue Royale, fut occupé le lundi 22 mai par les fédérés. Quelques employés restèrent à leur poste, malgré cet ignoble voisinage, et purent, au dernier moment, concourir à l'œuvre de salut. La position avait été placée sous le commandement d'un certain Matheron. C'est cet individu que je signale dans mon rapport comme vêtu d'un pardessus gris et causant fréquemment avec le commandant du 109ᵉ. C'est ce même individu qui me signifia l'ordre d'abandonner le Cercle. Pour justifier la confiance que les bandits de l'Hôtel-de-Ville avaient mise en lui, Matheron avait accumulé dans le ministère de la Marine des munitions de toute sorte, car-

touches, obus, boîtes à mitraille, pétrole, ton-
neaux de poudre, etc.., qu'il avait fait placer
sur de la paille, aux endroits les plus propres à
favoriser l'explosion formidable qu'il méditait
pour le moment où il serait forcé d'abandonner
la position. On se fera une idée de la catastrophe épouvantable dont nous étions menacés, si
l'on songe qu'après la prise du ministère, il ne
fallut pas moins de quinze voitures du train
pour enlever toutes ces munitions.

Lorsque le moment du danger arriva, Matheron jugea prudent de s'esquiver en laissant
au plus sauvage de la bande, un nommé Girardot, le soin d'achever son œuvre criminelle.

Ce dernier se disposait à faire sauter le ministère lorsqu'un brave employé resté à son
poste, le chef du matériel essaya d'apprivoiser
cette bête sauvage. Il est des animaux féroces
qu'on apprivoise avec un morceau de sucre; il
en est d'autres sur qui la pièce de cent sous
exerce un attrait irrésistible. M. X... promit
donc à Girardot de l'argent et la vie sauve, s'il
renonçait à son abominable projet. Girardot ré-

sista d'abord, puis se laissa fléchir. — Au même instant les fédérés à moitié ivres, qui étaient restés au ministère, se sauvent dans toutes les directions en criant : « Les voilà ! faites sauter. »

Il était trop tard. Nos braves soldats envahissaient le ministère par la rue Royale et la rue Saint-Florentin et faisaient prisonnière cette troupe de brigands, dont la majeure partie fut fusillée séance tenante.

Girardot fut remis aux mains de l'autorité et conduit à Versailles.

Matheron, pris quelques jours après, a dû être envoyé à Brest.

Voilà, Messieurs, le récit complet des événements dont nous avons été les témoins. Au milieu des dangers sans nombre qui ont menacé nos jours, deux choses nous ont soutenus : le sentiment du devoir et l'amour du pays.

974. — PARIS. — IMPRIMERIE V[c] POITEVIN, ÉTHIOU-PÉROU ET Cie,

Rue Damiette, 2 et 4.

www.ingramcontent.com/pod-product-compliance
Lightning Source LLC
Chambersburg PA
CBHW051117050726
47594CB00003B/840